AF391243

MEUBLES ANCIENS & MODERNES

BIJOUX & ARGENTERIE

Gravures - Lithographies - Tableaux - Pastels

Emaux modernes polychromes

TAPISSERIES d'AUBUSSON

VENTE HOTEL DROUOT, SALLE N° 6

LE VENDREDI 21 JUIN 1912

à deux heures

Mᵉ GEORGES LEBAILLY	**M. F. H. de SAINT-PRIEST**
COMMISSAIRE-PRISEUR	EXPERT
3, Boulevard Sébastopol	7, Rue Marcel-Renault

EXPOSITION PUBLIQUE

Le Jeudi 20 Juin de 2 heures à 6 heures

CATALOGUE

DE

Bons Meubles Anciens et Modernes

BIJOUX ORNÉS DE BRILLANTS

BELLE ARGENTERIE STYLE LOUIS XVI

Estampes et Gravures Anciennes

LITHOGRAPHIES EN COULEURS DE VILLAIN & C. MOTTE

TABLEAUX & PASTELS

AQUARELLES & DESSINS

EMAUX MODERNES POLYCHROMES

Beaux Panneaux en Tapisserie d'Aubusson

OBJETS DIVERS

DONT LA VENTE AURA LIEU

HOTEL DROUOT, SALLE Nº 6

LE VENDREDI 21 JUIN 1912 à 2 heures

PAR LE MINISTÈRE DE

Mᵉ GEORGES LEBAILLY, COMMISSAIRE-PRISEUR

3, Boulevard Sébastopol

ASSISTÉ DE

M. F. H. DE SAINT-PRIEST, EXPERT

7, Rue Marcel-Renault

———

EXPOSITION PUBLIQUE

Le 20 Juin 1912 de 2 heures à 6 heures

CONDITIONS DE LA VENTE

Elle sera faite au comptant.

Les adjudicataires paieront *dix pour cent* en sus des enchères.

L'exposition mettant le public à même de se rendre compte de l'état et de la nature des objets, aucune réclamation ne sera admise une fois l'adjudication prononcée.

M. Plané. Grav.-Imp., 8. rue Demours.

DÉSIGNATION

LITHOGRAPHIES
EN COULEURS, ENCADRÉES
Epoque 1830

VILLAIN

1 — L'Écrivain public.

2 — Un matelot appuyé contre une palissade.

3 — Les Frères de la Doctrine chrétienne.

4 — Intérieur de l'Eglise des Dominicains à Lyon, servant de remise.

5 — Saint Vincent-de-Paule.

6 — Groupe de Marins.

7 — Une Marine.

C. MOTTE

GRAVURES & ESTAMPES
ANCIENNES - ENCADRÉES

Epoques Diverses

27 — L'Amour considérant le portrait de Psyche, par ROMANET ET LIGNON.

28 — Rêverie (*Ecole anglaise*).

29 — Amor Maligno, par SAINT-AUBAIN.

30 — Triomphe de la Peinture, par DENNEL.

31 — Vénus et l'Amour, d'après DEVIVIER.

32 — Cupido Dormiens, d'après CUIDO RENI.

33 — Narcisse, d'après ALBRIER.

34 — Aspettare, par CLAESSENS.

35 — Amante Inconstante, par CLAESSENS.

36 — Je le tiens ce nid de fauvettes, par P. F. TARDIEU.

37 — Venus que lie l'Amour (*Ecole Française*).

38 — Curiosité Parisienne (*Ecole Française*).

39 — Les Physionomies (*Ecole Française*).

40 — Le Prince Impérial remerciant Dieu de l'heureux retour de son père.

41 — Les Payeurs de rentes.
   (Lithographie en noir de VILLAIN).

DIVERS

42 — L'Aurore, le Midi, le Soir, la Nuit, par LAMBERT, jeune.

     Épreuve coloriée

43 — Lot de gravures anciennes.

     Sera divisé

44 — Lot de lithographies en noir. d'après CHARLEY par VILLAIN.

45 — Dessin à la plume. Signé : Benjamin CONSTANT.

46 — Fusain. Signé : LALANNE.

47 — Eau forte avant la lettre. Signé : Ch. JACQUE.

48 — Paysage animé.

     Sanguine

49 — Portrait de femme.

     Crayon rehaussé

50 — Lot de dessins.

     Crayon rehaussé

51 — Collection de 96 gravures du XVIIIe siècle.

     Reliées en 1 album d'époque.

TABLEAUX ET PASTELS

52 — Paysage animé, par GERVEX.

53 — Portrait de Jeune femme.
Epoque Directoire.

54 — Portrait de Jeune femme, d'après NATTIER.

55 — Portrait de Jeune femme, signé J. F. Style
Louis XVI.
Cadre médaillon en bois sculpté.

56 — Portrait de Jeune femme.
Cadre en bois sculpté surmonté d'attributs Louis XVI.

AQUARELLES

57 — 4 Aquarelles vues d'Italie, signé : CISERI.

58 — Lot d'aquarelles.
Sera divisé

59 — Etude. Le Dieu Pan. Signé EBOUYS.

EVENTAILS - MINIATURES

60 — Eventail lithographié en couleurs, monture os.
Epoque 1830.

61 — Eventail monture nacre, argenté et doré, garni de
dentelle de Bruges et rehaussé de 2 aquarelles.

62 — Portrait de Femme, coiffée d'un bonnet blanc.
Miniature sur ivoire encadrée. Epoque empire.

63 — Portrait de femme sur ivoire.
Epoque Empire.

64 — 2 miniatures sur ivoire encadrées, réprésentant Henriette de Bourbon et la Duchesse d'Epernon.

EMAUX

OBJETS D'ART ET PORCELAINE

65 — Lot de cent émaux modernes sur cuivre, sujets décoratifs et polychromes, grandeurs diverses.
Sera divisé.

66 — Coupe de marbre vert.

67 — Bronze représentant un éléphant. Signé : A BARYE

68 — Paire de flambeaux Louis XVI.

69 — Coupe porcelaine blanche à filets or.
Epoque Empire.

70 — Salière porcelaine de Saxe.

71 — Jardinière à anse en vieille faïence de Venise, fond crême, décors rouges.

72 — Deux médaillons, peinture sur porcelaine.

72 *bis* — Petite commode à bijoux en acajou s'ouvrant à 3 tiroirs.
Epoque Louis XVI.

BIJOUX - ARGENTERIE

73 — Sac de dame en or avec compartiment, orné de 18 brillants, 8 émeraudes fines et 8 rubis fins.

74 — Boucles d'oreilles en or et diamants double entourage brillants et roses.

75 — Bague marquise en or ornée de 27 brillants.

76 — Bague croisée en or ornée de 2 brillants et roses.

77 — Bracelet à charnières plates et doubles en or, ornée de 24 brillants, 16 rubis fins et roses.

78 — Bracelet en or orne d'agathe et onyx.
Epoque empire.

79 — Epingle de cravate or et platine ornée de 6 petits brillants et 30 roses, saphir fin au centre.

80 — Face à main or et écaille.

81 — Huilier en argent.
Epoque empire.

82 — Huilier en argent de style Louis xvi.

83 — Jardinière surtout de table en argent. Style Louis xvi.

84 — Plateau ramasse-miettes en argent. Style Louis xvi.

85 — Couteau ramasse-miettes en argent. Style Louis xvi.

86 — Corbeille à fruits en argent. Style Louis xvi.

87 — Service à poisson. Style Louis xv.

MEUBLES

88 — Petit bureau de dame, Bonheur du jour, en marqueterie de bois de rose et bois de violette. Style XVI.

89 — Table ovale en bois sculpté et doré, dessus de marbre blanc veiné. Style Louis XVI.

90 — Bergère à oreilles en bois sculpté, style Louis XV, garni de tapisserie ancienne. *Verdure*.

91 — Fauteuil de bureau en acajou, fileté et marqueté citronnier garni de velours rouge. *Genre Maple*.

92 — Petit vitrine en acajou fileté et marqueté citronnier, surmontée d'une glace. *Genre Maple*.

93 — Buffet normand sclupté à deux corps s'ouvrant à 4 battants. *Epoque Louis XVI*.

94 — Pannetière Provençale. *Epoque Louis XV*.

95 — Guéridon Style Louis XVI en marqueterie filets citronnier, dessus marbre entouré d'une galerie de cuivre.

96 — Guéridon à trois pieds en acajou fileté et marqueté citronnier. *Genre Maple*.

———

TAPISSERIES

97 — Panneau en tapisserie ancienne à sujet biblique. Femme délivrant un prisonnier.

98 — Panneau en tapisserie Aubusson moderne Les Dénicheurs.

99 — Panneau en tapisserie Aubusson moderne. Le Colin-Maillard.

100 — Tapis d'Orient. Fond rouge.

101 — Objets omis.